Una invitación siempre significa una ocasión especial y un rato divertido. Las invitaciones generalmente llegan por el correo en un sobre muy bonito. Sólo hay que abrir el sobre para saber a qué nos han invitado.

An invitation always means a special occasion and a good time. Invitations usually come in the mail in a pretty envelope. Just open the envelope to find out what we are invited to.

Hoy es un día especial para Isela. Ella cumple siete años. Estamos invitados a . . .

Today is a special day for Isela. She is seven years old. We are invited to . . .

¡Una fiesta de cumpleaños!

A birthday party!

Estas son las mañanitas
   que cantaba el Rey David
   hoy que es día de tu cumpleaños
   te las cantamos así.
Despierta, mi bien, despierta
   mira que ya amaneció
   ya los pajaritos cantan
   la luna ya se metió.

We have come to serenade you
   so very early in the morn.
   We are here to celebrate
   the lovely day you were born.
Awaken, my dear, awaken,
   awaken it's early morn
   All the birds are sweetly singing.
   The moon and stars have gone home.

Es invierno en el mes de diciembre.

It's winter in the month of December.

Hoy empieza una celebración muy importante.
Todo está listo – los buñuelos, los tamales, los calientitos, chocolate caliente, la piñata, y las bolsas de dulces. Nuestros vecinos han invitado a todos a . . .

Today is the beginning of a special celebration. Everything is ready – the buñuelos, the tamales, the hot punch, the hot chocolate, the piñata, and the bags of goodies. Our neighbors have invited everyone to . . .

¡Una posada!

A posada!

¡Una posada es tan divertida!
Y antes de que nos vayamos debemos acordarnos de dar las gracias por pasar un rato tan divertido.

A posada is such fun!
And before we leave we should always remember to say thank you for a very good time.